L'AMOUR
A LA MARÉCHALE,

COMÉDIE EN DEUX ACTES ET EN PROSE,

PAR Mme A. ROGER DE BEAUVOIR (Mlle DOZE),

Représentée pour la première fois, à Paris, sur le théâtre de la Montansier,
le 14 août 1852.

DISTRIBUTION DE LA PIÈCE.

LE MARQUIS DE RIANCOURT.	M. DERVAL.
LA MARQUISE DE RIANCOURT.	Mlle PAULINE.
LE CHEVALIER D'AUBIGNY	M. VALAIRE.
MARIETTE.	Mlle GALLOIS.

UN DOMESTIQUE DU CHEVALIER, UN DOMESTIQUE DU MARQUIS,
PORTEURS.

ACTE PREMIER.

Le théâtre représente un boudoir rococo. — A droite, un canapé ; à gauche, une toilette.
Porte au fond et porte latérale.

SCÈNE I.

LA MARQUISE, à sa toilette ; MARIETTE.[*]

LA MARQUISE, assise.

Que tiens-tu là, Mariette ?

MARIETTE.

Une lettre pour madame la marquise.

LA MARQUISE.

Ah ! la lettre quotidienne ! toujours les mêmes phrases, les mêmes serments !... (Elle l'ouvre.) Pauvre chevalier ! il tourne au pastoral, ce matin. Mariette, brûle cette lettre.

MARIETTE

Il y a quinze jours, madame la marquise m'aurait dit : « Mariette, va me chercher ma cassette », et elle y eût placé précieusement la lettre qu'elle jette aux flammes ce matin.

LA MARQUISE.

C'est vrai ; mais si le présent ressemblait en tout au passé, la vie serait d'une mono-

tonie insupportable. N'est-ce pas assez de se lever, de se coucher, de déjeûner, de souper tous les jours aux mêmes heures, et ne faut-il pas varier ses idées et ses sentiments ?

MARIETTE.

Madame la marquise me permet-elle de dire ce que je pense ?

LA MARQUISE.

Oui certes, ne fût-ce que pour la rareté du fait.

MARIETTE.

Eh bien ! madame la marquise s'ennuie.

LA MARQUISE.

C'est vrai.

MARIETTE.

Et cela, parce que madame n'aime plus.

LA MARQUISE.

Que veux-tu? l'amour est si difficile à rencontrer !... Est-ce que tu crois, Mariette, qu'il court les rues ?

MARIETTE.

Non pas ! quoiqu'il y ait terriblement d'a-

[*] La Marquise, Mariette.

moureux sous le balcon de madame la marquise.

LA MARQUISE.

Des amoureux ? non. Des désœuvrés ? oui.
Je ne vois que des sots et des ennuyeux.

MARIETTE.

Depuis que madame la marquise ne regarde
plus M. le chevalier...

LA MARQUISE.

Ah! tu as remarqué cela, toi! Savez-vous,
ma chère filleule, car je suis votre marraine,
que vous joueriez les confidentes le plus joli-
ment du monde?

MARIETTE.

Si madame l'ordonne, je changerai d'emploi.

LA MARQUISE.

Non, Mariette, non ! Reste ce que tu es; je
me suis habituée à penser tout haut devant
toi. Quand je m'ennuie, comme aujourd'hui,
ton esprit me distrait, m'amuse. Décidément,
Mariette, tu vaux ton pesant d'or.

MARIETTE.

Madame la marquise est si bonne !

LA MARQUISE.

En vérité ? Est-ce que je suis bonne? Mais,
s'il en est ainsi, je ne suis pas de mon siècle.

MARIETTE.

Croyez-moi, madame la marquise, la bonté
est de tous les temps.

LA MARQUISE.

C'est donc comme l'inconstance?

MARIETTE.

M. le chevalier viendra sans doute ce matin?

LA MARQUISE.

Est-ce qu'il ne vient pas tous le jours? Il
est exact comme un billet au porteur.

MARIETTE.

Je n'oublierai jamais son arrivée ici, et
comme il tremblait en regardant madame la
marquise, il y a quinze jours.

LA MARQUISE.

Comment, il n'y a que quinze jours ?

MARIETTE.

Ah! comme M. le chevalier avait l'air timide
sous son uniforme de lieutenant. C'est bien le
plus joli homme de la cour !

LA MARQUISE.

Taisez-vous! Ces extases d'admiration me
choquent et m'irritent.

MARIETTE.

Madame la marquise conviendra, au moins,
que M. le chevalier est bon, tendre, amoureux, oh! amoureux comme un fou.

LA MARQUISE.

Le beau mérite ! puisque tous les hommes
sont fous avant d'être amoureux.

MARIETTE.

Alors M. le chevalier est deux fois fou.

Madame la marquise doit le plaindre et non
le blâmer.

LA MARQUISE, se levant.*

Et qui vous parle de le blâmer? Vous inter-
prétez tout au gré de votre fantaisie. Quelle
singulière fille vous faites ! Vous êtes là à
m'étaler un mérite que je ne vois pas, un
amour qui m'est indifférent; vous parlez sans
cesse du chevalier comme d'un héros à la
mode ; un petit provincial qui descend du
coche. Allons, Mariette, brisons là.

MARIETTE.

Si madame la marquise savait...

LA MARQUISE, avec impatience.

Va-t-en ! va-t-en ! je ne veux rien savoir.

(Mariette sort.)

SCÈNE II.

LA MARQUISE, seule.

Est-ce bien moi qui parle ainsi? Est-ce
bien moi qui renvoie cette fille parce qu'elle
me fait l'éloge du chevalier? Oh! c'est mal!
Il fut un moment où le nom de d'Aubigny
éveillait dans mon cœur un trouble indéfinis-
sable. J'ai vu l'instant où j'allais l'aimer...
oui, j'allais m'éprendre follement de lui...
quand tout à coup je ne m'en suis pas éprise...
Pourquoi? je n'en sais rien. C'est un rêveur
sentimental, qui s'entête à m'adorer en dépit
de moi-même; une flamme sur du marbre. Je
ne puis pourtant pas lui dire : « Chevalier, je
ne vous aime pas, éteignez-vous ! » Ce ne serait
pas poli. Que faire? Si d'Aubigny était moins
vertueux, je compterais sur sa légèreté. Il
faudrait rencontrer un homme dévoué, intelligent, qui lui fît comprendre qu'il peut aimer ailleurs. (Réfléchissant.) Le duc ? un maladroit. Le comte ? un bavard. A qui m'adres-
ser ? Eh mais ! au marquis? Comment donc !
en sa qualité de mari, c'est une besogne qui
lui revient de droit.

SCÈNE III.

LE MARQUIS, LA MARQUISE.**

LA MARQUISE.

Ah! c'est vous, marquis; je vous croyais
chez le prince de Condé chassant le loup et
le sanglier.

LE MARQUIS.

Ma foi! j'avais trop mal dormi pour tenter
l'aventure. Ne me trouvez-vous pas, marquise, l'air très fatigué?

* Mariette, la Marquise.
** La Marquise, le Marquis.

LA MARQUISE.

Mais non.

LE MARQUIS.

Tant mieux, cela me rassure.

LA MARQUISE.

Ah ça ! monsieur, vous voulez donc plaire ?

LE MARQUIS.

Mais sans doute.

LA MARQUISE.

Et à qui, s'il vous plaît ?

LE MARQUIS.

Mais à vous, si vous me le permettez.

LA MARQUISE.

Voilà un mensonge qui a presque l'accent d'une vérité.

LE MARQUIS.

Dites plutôt que c'est une vérité qui ressemble à un mensonge.

LA MARQUISE.

Si je n'étais pas votre femme, mon cher marquis, je vous croirais sur parole, tant vous avez l'air de bonne foi.

LE MARQUIS, lui baisant la main.

Méchante ! et cependant je vous aime toujours.

LA MARQUISE.

Comme une amie, oh ! je n'en doute pas.

LE MARQUIS.

Non, comme une amante.

LA MARQUISE.

Marquis, combien sommes-nous à être aimées ainsi ?

LE MARQUIS.

Il n'y a pas moyen de causer avec vous.

LA MARQUISE.

Dites qu'il n'y a pas moyen de me tromper.

LE MARQUIS.

Vous tromper ! savez-vous pourtant que je n'y ai jamais pensé ?...

LA MARQUISE.

Vraiment ! c'est à n'y pas croire.

LE MARQUIS.

D'honneur ! je parle sérieusement.

LA MARQUISE, en riant.

Marquis, vous avez envie de rire ?

LE MARQUIS.

Non, non, je vous jure...

LA MARQUISE.

Tenez, vous mentez trop bien ; ne dites jamais la vérité.

LE MARQUIS.

Moquez-vous de moi ; mais il n'existe pas de bourgeois aunant du drap sous les piliers des halles qui soit plus vertueux...

LA MARQUISE.

Que vous ! ah ! ah ! la charmante plaisanterie ! mais riez donc, monsieur, cela en vaut la peine. Prenez garde au moins, vos mœurs vous feront déroger... et ce serait dommage.

LE MARQUIS.

Ah ! pour vous, marquise, que ne ferais-je pas ? Comment trouvez-vous ce point d'Alençon ?

LA MARQUISE *.

Magnifique.

LE MARQUIS.

Je suis charmé qu'il vous plaise. Maître Jourdain m'a dit que cette forme d'habit m'allait à merveille. Votre avis ?

LA MARQUISE.

Maître Jourdain est un habile homme.

LE MARQUIS.

Aussi l'ai-je donné à d'Aubigny. Je l'aime beaucoup, ce cher cousin ; et vous ?

LA MARQUISE.

Moi aussi.

LE MARQUIS.

C'est un garçon de mérite, au moins. Tout le monde en raffole chez la marquise de Pompadour.

LA MARQUISE.

Vous le lui avez présenté ?

LE MARQUIS.

Oui, comme mon élève.

LA MARQUISE, s'asseyant.

Ah ! vous faites des éducations à présent... je suis désolée de n'avoir plus rien à apprendre. Et le chevalier a donc fait sensation chez la marquise ?

LE MARQUIS.

Sensation ? Non ; mais il a plu : j'en suis content, car je lui veux du bien. Hier, j'ai parlé de lui au maréchal de Villeneuve.

LA MARQUISE.

Ah ! vraiment !

LE MARQUIS.

M. de Villeneuve était déjà bien disposé en sa faveur. La maréchale avait passé par là.

LA MARQUISE.

Elle est si charitable, cette bonne maréchale.

LE MARQUIS.

Le régiment du chevalier est ici pour quelque temps ; c'est mon cousin, je veux lui être utile, et les d'Aubigny valent mieux qu'une lieutenance. Le maréchal m'a promis de s'occuper de notre protégé.

LA MARQUISE.

Que n'avez-vous dit un mot en même temps à madame de Villeneuve ? Vous lui eussiez fait apprécier mieux encore les mérites du chevalier.

* Le Marquis, la Marquise.

LE MARQUIS.

Vous avez raison. La maréchale est une femme de goût.

LA MARQUISE.

Elle vous l'a prouvé.

LE MARQUIS, embarrassé.

Elle le prouve tous les jours. Je suis fâché de ne pas lui avoir parlé de d'Aubigny.

LA MARQUISE.

Ne vous désolez point, il n'y a pas de temps perdu. A propos du chevalier, ne trouvez-vous pas qu'il vient ici bien souvent!

LE MARQUIS, avec indifférence.

Ma foi, non.

(Il prend une chaise et va s'asseoir auprès de la marquise.)

LA MARQUISE.

Je m'attendais à cette réponse. Eh! bien, je ne sais pourquoi, et vous allez dire que je me suis mêlée de choses qui ne me regardent pas, mais je voudrais que le chevalier fût moins assidu.

LE MARQUIS.

Pourquoi?

LA MARQUISE.

Sa présence ici peut être remarquée.

LE MARQUIS.

N'est-ce pas mon cousin?

LA MARQUISE.

La belle raison pour que le chevalier ne bouge pas de mon boudoir! Est-ce que votre cousin n'a pas un cœur comme vous, comme moi, comme tout le monde?

LE MARQUIS.

Sans doute, après?

LA MARQUISE.

En vérité, monsieur, vous ne voulez rien comprendre.

LE MARQUIS.

Je veux tout comprendre, au contraire; mais expliquez-vous, marquise; je ne suis pas sorcier.

LA MARQUISE.

Eh! bien, monsieur, puisqu'il faut vous le dire tout net, je crois prudent d'éloigner le chevalier.

LE MARQUIS.

Pourquoi?

LA MARQUISE.

Parce qu'il est beaucoup trop chez vous et pas assez chez les autres; parce que la médisance peut lui supposer des idées, des désirs, un but qu'il n'a point; parce qu'il est jeune, élégant, aimable, et que je suis jeune, et puis plaire peut-être. Si le chevalier s'avisait de m'aimer et de me le dire, voyez donc un peu quel embarras pour moi!

LE MARQUIS.

Mais ne suis-je pas là?

LA MARQUISE, vivement.

Est-ce que les maris ont jamais rien empêché?

LE MARQUIS.

Ah ça! d'Aubigny vous fait donc la cour?

LA MARQUISE.

Non, non; mais il peut me la faire.

LE MARQUIS.

Vous m'avertirez alors, et je lui planterai mon épée dans le côté gauche.

LA MARQUISE, se levant.

Tenez, marquis, vous vous croyez un être sensé, et vous parlez comme un grand extravagant. La belle chose que vous avez trouvée là, à vous tout seul! Tuer votre cousin, dès qu'il m'aura dit: « Je vous aime, » pour que toute la cour se moque de vous, pour que votre famille s'écrie que vous êtes un homme dénaturé?... Fi donc!... Eh! mon Dieu! au lieu de recourir à ces extrémités désespérées, à ces procédés féroces, qui tuent les uns sans sauver les autres, que n'éloignez-vous tout doucement le danger qui n'est encore qu'au seuil de votre maison? Je vous le montre du doigt, fermez-lui vite votre porte, et ne le priez pas poliment de s'asseoir à votre table comme une personne de qualité.

LE MARQUIS.

Que ne me parliez-vous ainsi tout d'abord, marquise? Dès ce soir, je congédierai d'Aubigny.

LA MARQUISE.

Dès ce soir? En voici bien d'une autre! C'est trop tôt; et d'ailleurs, à quoi bon passer pour un jaloux furieux quand vous pouvez vous débarrasser du chevalier sans rien changer à votre amitié?

LE MARQUIS.

Mais... comment?

LA MARQUISE.

En faisant naître, dans l'imagination ardente, romanesque de d'Aubigny, un amour violent pour une femme qui ne sera pas la vôtre, en trouvant à ce jeune homme étourdi une occupation de cœur... au dehors... les places d'amoureux ne manquent pas à la cour.

LE MARQUIS.

Ah! je commence à comprendre!

LA MARQUISE.

C'est bien heureux!... En suivant mon conseil, vous éloignez le chevalier et vous faites une bonne œuvre.

La Marquise, le Marquis.

LE MARQUIS.
Dont le bénéfice me revient de droit.

LA MARQUISE.
Sans doute, d'Aubigny sera facile à enflammer: à son âge on aime toutes les femmes à vol d'oiseau. Montrez-en une à votre cousin du Poitou, et je vous réponds de sa bonne volonté.

LE MARQUIS.
Mais c'est charmant! au moins; cela me divertira. Ah! marquise, quelle idée vous me donnez!

LA MARQUISE.
Je vous la donne, parce que vous ne l'auriez jamais trouvée.

LE MARQUIS, cherchant.
Ah ça, ! qui lui ferais-je aimer à ce brave d'Aubigny? Aidez-moi donc!... la petite duchesse? elle est bien coquette! la comtesse? c'est impossible, la place est prise par un chevauléger.

LA MARQUISE.
Ce qui n'empêcherait rien assurément ; mais la comtesse n'est pas ce qu'il faut à votre protégé, et puisque vous voulez du bien à d'Aubigny, que ne le présentez-vous à la maréchale; elle est femme à lui donner un brevet de capitaine aux gardes.

LE MARQUIS.
Pardieu! vous avez raison; madame de Villeneuve est ce qu'il faut au chevalier. Quand verrai-je d'Aubigny?

LA MARQUISE.
Aujourd'hui sans doute.

LE MARQUIS.
C'est à merveille!

LA MARQUISE.
De l'habileté, marquis!

LE MARQUIS.
N'en ai-je pas toujours?

LA MARQUISE, à part.
Vaniteux!

UN DOMESTIQUE.
La voiture de M. le marquis est prête.

LE MARQUIS.
C'est bien; qu'elle attende.

LA MARQUISE.
Vous sortez?

LE MARQUIS.
Oui, j'ai promis au duc de lui gagner quatre cents louis. J'ai une fantaisie à me donner.

LA MARQUISE.
Quelle est cette fantaisie?

LE MARQUIS, embarrassé.
Chère marquise, cela n'est pas de votre compétence.

LA MARQUISE allant à sa toilette.
Vraiment! alors je sais de quoi il s'agit. Mademoiselle Sylvia, de la comédie Italienne, a les plus beaux yeux du monde. Ils ont coûté six cents louis au prince de Rohan; il est vrai que les princes achètent sans marchander. Aussi paient-ils un tiers plus cher que les autres. Allez donc gagner vos quatre cents louis.

LE MARQUIS.
Quoi! marquise, vous croyez...?

LA MARQUISE.
Que vous êtes le joueur le plus insolemment heureux... allons, partez, partez vite.

LE MARQUIS.
Si d'Aubigny vient...

LA MARQUISE.
Soyez tranquille, je vous le garderai. Adieu, marquis.

LE MARQUIS.
Adieu, marquise.

<hr>

SCÈNE IV.

LA MARQUISE, seule.

Toujours le même! étalant des vertus qu'il n'a pas, vaniteux comme un financier, et infidèle comme M. de Richelieu! Il me croit sa dupe; c'est me connaître bien peu!

<hr>

SCÈNE V.

LA MARQUISE, MARIETTE, LE CHEVALIER.[*]

MARIETTE.
Monsieur le chevalier d'Aubigny.

LA MARQUISE.
Qu'il entre... Ah! bonjour, chevalier..
(Mariette sort.)

LE CHEVALIER.
Vous allez bien, marquise?

LA MARQUISE.
A merveille!

LE CHEVALIER.
Jamais je ne vous ai vue plus belle.

LA MARQUISE.
Vous me répétez cela tous les jours.
(Elle s'assied.)

LE CHEVALIER.
C'est qu'apparemment je le pense.

LA MARQUISE.
Ne dites donc pas tout ce que vous pensez: c'est une mauvaise habitude qu'on ne voit qu'à vous; c'était bon dans le Poitou, mais ici, cela devient inutile. Variez vos propos,

[*] Le Chevalier, la Marquise, Mariette.

faites comme tout le monde. La chronique du scandale vous offre mille sujets de conversation ; prenez-les, et parlez un peu moins de moi, pour l'amour de moi.

LE CHEVALIER.

Le puis-je, quand je vous regarde ?

LA MARQUISE.

Eh bien ! ne me regardez pas.

LE CHEVALIER.

Ne pas vous regarder !... Y pensez-vous ?... Mais c'est impossible.

LA MARQUISE.

Puisqu'il en est ainsi, chevalier, il faut nous voir moins souvent.

LE CHEVALIER, avec feu.

Eh ! quand même vous mettriez l'univers entre nous, madame, pourriez-vous m'empêcher de vous voir ? N'êtes-vous pas sans cesse devant mes yeux !

LA MARQUISE, comiquement.

Vous êtes une idylle, chevalier.

LE CHEVALIER.

Hélas ! madame, je suis un pauvre amoureux qui se meurt d'amour.

LA MARQUISE, riant.

Voyez donc un peu cet air d'agonisant ! Changez-moi vite cette mine-là si vous voulez qu'on vous croie.

LE CHEVALIER, avec amour.

Marquise, vous êtes adorable.

LA MARQUISE.

Encore ! De grâce chevalier, laissons ma personne.

LE CHEVALIER.

Il fut un temps où vous m'écoutiez avec plaisir vous parler de vous.

LA MARQUISE.

C'est possible ; mais la femme est un être essentiellement capricieux.

LE CHEVALIER, avec tristesse.

Ah ! madame, jamais l'avenir ne me rendra les joies et les espérances du passé.

LA MARQUISE, se levant.

Le passé ! le passé ! laissez donc les morts en repos.* Rien n'est plus triste que ces conversations entre le cœur et le passé... Avez-vous été hier chez le prince de Rohan ?

LE CHEVALIER.

Oui, vous m'aviez dit que vous y seriez.

LA MARQUISE.

Sans doute ; mais j'ai changé d'idée, et je suis restée ici.

LE CHEVALIER.

Seule ?

LA MARQUISE.

Tout à fait seule. J'étais en tête-à-tête avec le marquis.

* La Marquise, le Chevalier.

LE CHEVALIER.

Prenez garde, madame, m'en voilà jaloux.

LA MARQUISE.

Chevalier, placez mieux votre jalousie. Parmi les gens à craindre, le marquis ne compte pas.. Il a dormi sentimentalement dans ce fauteuil, et j'ai bâillé tendrement sur ce sopha. C'était un spectacle touchant.

LE CHEVALIER, amoureusement.

Ah ! marquise, que je vous aime !

LA MARQUISE, froidement.

Vous êtes bien bon, chevalier.

LE CHEVALIER, affligé.

Mon Dieu ! avec quel ton vous me dites cela !

LA MARQUISE, vivement.

J'ai le ton que j'avais hier, que j'aurai demain. Je n'y vois rien de désobligeant. En vérité, vous êtes impossible à contenter.

LE CHEVALIER.

Vous vous fâchez... j'ai tort... pardonnez-moi.

LA MARQUISE.

C'est toujours à recommencer... N'en parlons plus... Allez-vous demain soir chez le duc ?

LE CHEVALIER.

Non.

LA MARQUISE.

Pourquoi ?

LE CHEVALIER.

Ne m'avez-vous pas promis de venir aux Charmilles ?

LA MARQUISE, indifféremment.

Ah ! c'est vrai ; je l'avais oublié.

LE CHEVALIER.

Et vous viendrez, n'est-ce pas ?

LA MARQUISE, avec impatience.

Je ne sais. Il n'est pas prudent d'aller ainsi chez vous, le soir surtout. Le marquis peut avoir des soupçons, me faire suivre.

LE CHEVALIER.

C'est notre premier rendez-vous, songez-y.

LA MARQUISE.

Raison de plus pour que j'hésite ! Quelle sotte promesse ! Comment l'avez-vous exigée ? Comment l'ai-je faite ?... Vous le savez, chevalier, souvent femme varie... Ne m'attendez pas demain aux Charmilles, tout bien réfléchi, je n'irai pas.

LE CHEVALIER.

Oh ! madame, par pitié !..

LA MARQUISE.

N'insistez pas, vous dis-je. Vous verrez qu'à force d'exigences vous me ferez commettre quelqu'imprudence.

LE CHEVALIER.

Marquise, je vous en conjure !...

LA MARQUISE.

Taisez-vous!... le marquis!

SCÈNE VI.

LE MARQUIS, LA MARQUISE, LE CHEVA-
LIER.[*]

LE MARQUIS.

Ah! ce cher d'Aubigny! j'étais sûr de le trouver ici. Il y a longtemps que vous êtes là, chevalier?

LE CHEVALIER.

J'arrive.

LE MARQUIS, à part.

L'hypocrite! Décidément la marquise a raison. (Haut) Je suis content de vous rencontrer, mon cher cousin, car j'ai à vous parler.

LE CHEVALIER, avec une sorte d'embarras.

A moi?

LE MARQUIS.

Qu'y voyez-vous d'étonnant?

LA MARQUISE.

Avez-vous gagné vos quatre cents louis?

LE MARQUIS.

Oui, ma chère marquise. Figurez-vous, d'Aubigny, une chance comme on n'en voit pas. Je vous gagnerais votre maison des Charmilles en deux coups de dés; mais en attendant, si madame le permet, je vous demanderai ici dix minutes d'entretien.

LA MARQUISE.

Je vous laisse, messieurs. Au revoir, chevalier. (Le marquis l'accompagne. — Elle sort.)

SCÈNE VII.

LE MARQUIS, LE CHEVALIER.[**]

LE MARQUIS.

A présent que nous voilà seuls, causons. Savez vous, chevalier, que je vous ai vu naître, quoique je n'aie pas eu le plaisir d'être monsieur votre père; aussi, lorsque votre régiment eut quitté le Poitou et arriva à Paris, je courus à votre rencontre; parmi mes cousins, vous étiez mon favori. (Il lui presse la main.) Ce cher d'Aubigny! Un autre à ma place aurait hésité peut-être à vous ouvrir sa maison; car mon cousin du Poitou est un cavalier des mieux tournés. Mais, outre que vous m'inspiriez une confiance méritée, je comptais sur ma bonne étoile qui, jusqu'à présent, m'a préservé de certains petits accidents très à la mode par le temps qui court.

[*] La Marquise, le Marquis, le Chevalier.

[**] Le Chevalier, le Marquis.

LE CHEVALIER, à part.

Où veut il venir?

LE MARQUIS.

Je ne dirais pas cela à tout le monde, au moins; peu de gens me croiraient. Mais à vous, chevalier, auquel mon bonneur est précieux, à vous qui connaissez les vertus de la marquise, c'est autre chose. Un cœur sensible, honnête comme le vôtre, est fait pour me comprendre. Ce que je vous conte là vous paraît original, n'est-il pas vrai?

LE CHEVALIER.

Mais non, marquis.

LE MARQUIS.

Cette confidence est la preuve éclatante de mon amitié pour vous, chevalier. Je ne vous le cache pas, je vous crois le meilleur de mes amis.

LE CHEVALIER, à part.

Il ne sait rien; je respire. (Haut.) Et vous avez raison, marquis; trop heureux s'il m'était permis de vous en donner la preuve.

LE MARQUIS, à part.

La preuve... (Haut.) D'honneur, d'Aubigny, vous allez être servi à souhait. J'ai un service à vous demander. Et d'abord, croyez, chevalier, qu'il ne s'agit pas de vous aller couper la gorge ou autres gentillesses de cette espèce. Ce que je vais vous demander est dans le domaine des choses agréables et possibles.

LE CHEVALIER.

Quoi que vous proposiez, j'accepte.

LE MARQUIS.

Foi de d'Aubigny?

LE CHEVALIER.

Foi de d'Aubigny!

LE MARQUIS.

Voilà qui est sérieux. Sachez donc, mon cher cousin, qu'il vous faut faire la cour à une femme charmante et des plus humaines. Mais, voyez, je vous prie, le joli service que je vous demande. Je suis un homme précieux, n'est-ce pas?

LE CHEVALIER.

En vérité, marquis, raillez-vous?

LE MARQUIS.

En aucune façon.

LE CHEVALIER.

Quoi! vous voulez...

LE MARQUIS.

Que vous remportiez une victoire éclatante sur une ennemie adorable... L'honneur qui vous en reviendra sera votre bâton de maréchal de France dans l'armée de l'amour et de la galanterie. Allons, chevalier, vite en campagne!

[**] Le Marquis, le Chevalier.

LE CHEVALIER.

Je vous écoute dire, et j'ai peine à comprendre...

LE MARQUIS.

Décidément, vous y mettez de la mauvaise volonté. Quoi de plus simple que ces mots : Je vous prie de plaire à une jolie femme et de vous laisser aimer.

LE CHEVALIER.

Mais cette femme, quelle est-elle ?

LE MARQUIS.

Ah ! vous commencez à comprendre ; c'est heureux ! Cette femme est une grande dame, très entourée, très désirée. Vous la connaissez, elle vous a remarqué.

LE CHEVALIER.

Moi ?

LE MARQUIS.

Oui, vous.

LE CHEVALIER.

Quelle fable ! et vous la nommez ?

LE MARQUIS.

La maréchale de Villeneuve.

LE CHEVALIER, étonné.

Quoi ! la maréchale de Villeneuve !

LE MARQUIS.

Cela paraît vous ouvrir l'esprit. Chevalier, vous êtes un garçon intelligent, je le vois. Ce soir nous vous présenterons chez la maréchale...

LE CHEVALIER.

C'est impossible.

LE MARQUIS.

Comment, impossible ?

LE CHEVALIER.

Marquis, je ne puis accepter le rôle que vous m'offrez.

LE MARQUIS.

Un emploi de confiance ! et pourquoi ?

LE CHEVALIER.

Parce que je n'aime pas la maréchale.

LE MARQUIS.

Et cela vous arrête ! d'où sortez-vous, mon cher ? est-ce qu'on a besoin d'aimer une femme pour lui dire qu'on l'adore ! apprenez que l'homme vraiment amoureux parle peu de ce qu'il éprouve. Si j'étais femme, je me méfierais de ces grands causeurs... A quelle heure irons-nous chez la maréchale ?

LE CHEVALIER.

Marquis, il m'est pénible de vous refuser, mais....

LE MARQUIS.

Et votre parole, chevalier, vous la comptez pour rien ?

LE CHEVALIER.

Oh ! pourquoi ne m'avez-vous pas plutôt demandé...

LE MARQUIS.

De vous couper la gorge ? Décidément, vous êtes pour les moyens désespérés, chevalier ; le simple et l'agréable ne sont pas votre fait.

LE CHEVALIER.

Mais quel intérêt vous pousse à m'entraîner vers la maréchale ?

LE MARQUIS.

Oh ! un intérêt puissant, que vous ne pouvez connaître. Voyons, d'Aubigny, une fois aimé, et vous l'êtes déjà...

LE CHEVALIER.

Vous croyez ?

LE MARQUIS.

J'en suis sûr, l'amour et la maréchale vous prendront par la main, et vous mèneront aux honneurs, à la gloire...

LE CHEVALIER.

Je ne suis pas ambitieux.

LE MARQUIS, avec feu.

Vous le deviendrez, la maréchale éveillera en vous tous les démons de l'orgueil. C'est une enchanteresse. Elle en a séduit bien d'autres.

LE CHEVALIER.

Vous en parlez avec une chaleur...

LE MARQUIS.

Je ne le cache pas, j'aime beaucoup la maréchale.

LE CHEVALIER.

Comment alors ne faites-vous pas vous-même ce que vous me proposez ?

LE MARQUIS.

Parce que, chevalier, je n'ai jamais lu deux fois le même roman.

LE CHEVALIER, saluant.

Je vous fais mon compliment, marquis.

LE MARQUIS.

Eh ! que voulez-vous ? il fallait bien être des amis du maréchal, il n'y avait pas d'autre moyen, ainsi, voilà qui est convenu ; ce soir, j'irai vous prendre aux Charmilles.

LE CHEVALIER, faiblement.

Mais...

LE MARQUIS.

Tenez, vous brûlez déjà de voir la maréchale.   (La marquise paraît dans le fond.)

LE CHEVALIER, avec trouble.

Voyons, marquis, laissez-moi réfléchir jusqu'à ce soir.

LE MARQUIS.

Vous voulez prendre votre temps pour savoir ce que vaut la parole d'un d'Aubigny ? allez, chevalier, allez.

LE CHEVALIER.

Eh bien !

LE MARQUIS.

Prenez garde, la marquise est là.

LE CHEVALIER.

Oh! pas un mot devant elle, je vous en conjure.

LE MARQUIS.

Soyez tranquille.

SCÈNE VIII.

LA MARQUISE, LE MARQUIS, LE CHEVALIER.

LE CHEVALIER, s'inclinant, il se penche vers elle d'un air suppliant.

Madame.... de grâce, venez demain aux Charmilles.

LA MARQUISE, vivement.

Non.

LE CHEVALIER, se penchant à l'oreille du marquis.

Ce soir chez la maréchale....

LE MARQUIS.

J'en étais sûr!....   (Le chevalier sort.)

SCÈNE IX.

LE MARQUIS, LA MARQUISE.

LA MARQUISE.

Eh bien?

LE MARQUIS.

Eh bien! j'ai gagné la partie.

LA MARQUISE, piquée.

Quoi! déjà? c'est impossible!

LE MARQUIS.

Croyez-moi, marquise, avant huit jours d'Aubigny sera capitaine aux gardes.

(Il sort à droite.)

LA MARQUISE, à part.

Hein!.. ah! puisqu'il en est ainsi, nous nous reverrons, monsieur le chevalier.

ACTE DEUXIÈME.

Le théâtre représente une avenue plantée d'arbres. — A gauche, les Charmilles, petite maison avec balcon.

SCÈNE I.

LE MARQUIS, dans sa chaise, entrant par la droite, à la cantonnade.

C'est bien! c'est bien! arrêtez. (Il descend de sa chaise; aux porteurs.) Dans une heure, vous viendrez me reprendre. (Ils sortent; le marquis va à la maison et frappe. Un domestique paraît) Le chevalier d'Aubigny?

LE DOMESTIQUE.

Monsieur le chevalier est sorti, si monsieur le marquis veut entrer?

LE MARQUIS.

C'est inutile, je vais l'attendre ici. (Le domestique rentre.) J'aime mieux me promener de long en large... l'impatience a besoin de marcher, de courir... ce diable de d'Aubigny, qu'est-il devenu?... où en est-il avec la maréchale?... l'accueil qu'il a reçu me donne bon espoir. La marquise, à laquelle j'ai tout raconté, s'étonne que les choses aient marché si vite... ah! je suis un profond diplomate!... Mais, voyez-vous, ce rusé cousin qui s'en prenait au cœur de ma femme!... tu n'as donc aucun respect pour la famille, malheureux!... pauvres maris! toujours aveugles, toujours!... voilà la véritable égalité!... égalité du malheur conjugal! il est impossible que la maréchale n'ait pas revu le chevalier... je la connais!... Quelqu'un vient de ce côté. Dieu soit loué!... c'est lui!

SCÈNE II.

LE CHEVALIER, LE MARQUIS [*].

LE MARQUIS.

Enfin! enfin! enfin! vous voilà!

LE CHEVALIER, d'un air accablé.

Ah! marquis! que je suis heureux de vous voir!

LE MARQUIS.

Diable! vous avez le bonheur triste, ce soir, chevalier.

LE CHEVALIER, de même.

Hélas! comment vous dire?...

LE MARQUIS.

Avez-vous revu la maréchale?

LE CHEVALIER, d'une voix étouffée.

Je la quitte.

LE MARQUIS.

Eh bien?

LE CHEVALIER.

Ah! marquis! quelle femme! un ange!...

LE MARQUIS.

Ou un démon! c'est la même chose! Mais m'expliquerez-vous, mon cher d'Aubigny, vos soupirs funèbres et votre air lamentable?

[*] Le Marquis, le Chevalier.

LE CHEVALIER, lui prenant la main.

Mon cher de Riancourt, je suis le plus malheureux des hommes !

LE MARQUIS.

Ah! ça, chevalier, vous moquez-vous?

LE CHEVALIER.

Non vraiment, rien n'est plus sérieux.

LE MARQUIS.

La maréchale vous a donc repoussé?

LE CHEVALIER, plus triste encore.

Ah ! si ce n'était que cela !

LE MARQUIS.

Diable! c'est donc une défaite complète ! (Lui prenant la main.) Mon pauvre d'Aubigny!

LE CHEVALIER.

Ah! c'est bien autre chose !

LE MARQUIS.

Vous m'effrayez ! parlez, chevalier. Eh ! bien?

LE CHEVALIER, toujours consterné.

Eh bien ! je plais, je suis aimé!...

LE MARQUIS, riant aux éclats.

Ah ! ah ! la bonne figure de vainqueur ! jamais je n'ai rien vu de plus lugubre... Ah ! ça, cousin, vous êtes donc bien fâché d'être aimé ?

LE CHEVALIER.

Sans doute.

LE MARQUIS.

Est-ce que la maréchale vous fait peur ?

LE CHEVALIER.

Au contraire.

LE MARQUIS.

Alors, pourquoi cet abattement, cette douleur ?

LE CHEVALIER.

Eh! parce que je l'aime.

LE MARQUIS, gaîment.

Ah ! ah ! délicieux !

LE CHEVALIER.

Marquis, ce sont vos conseils qui m'ont perdu.

LE MARQUIS.

Faites donc du bien. Ingrat!

LE CHEVALIER.

Pardonnez-moi, mon ami, je ne sais où j'en suis.

LE MARQUIS.

Vous en êtes à la maréchale; chapitre premier, intitulé : *les Remords*.

LE CHEVALIER, avec exaltation.

Ah! je suis un grand misérable, il faut en convenir... Je me méprise, je me hais.

LE MARQUIS.

Là, là, chevalier, ne vous maltraitez pas si fort... d'honneur, je suis tout ému de vous voir traiter de la sorte le seul ami que vous ayez.

LE CHEVALIER.

Ah! marquis, si vous saviez...

LE MARQUIS.

Eh! parbleu! je sais que vous êtes amoureux de la maréchale.

LE CHEVALIER.

Mais vous ignorez que ce cœur, soumis aujourd'hui à son empire, enivré par elle et rempli de sa douce image, hier encore, avant cette fatale entrevue, renfermait l'amour le plus tendre pour une autre.

LE MARQUIS, à part.

Voilà une confidence qui me touche infiniment.

LE CHEVALIER.

Oui, oui, marquis, hier encore, j'aimais une femme divine.

LE MARQUIS.

Vous êtes bien bon de me l'apprendre.

LE CHEVALIER.

Un modèle de vivacité, d'esprit, de beauté...

LE MARQUIS, saluant.

Vous êtes un homme de goût, chevalier. (A part.) Comme j'ai bien fait de m'occuper de l'avancement de ce gaillard-là.

LE CHEVALIER.

Eh bien ! auprès de la maréchale, j'ai tout oublié.

LE MARQUIS, à part.

Comme c'est heureux pour moi! Je suis né coiffé, d'honneur ! (Haut.) Et, à l'heure qu'il est, vous ne vous ressouvenez plus que d'une chose, c'est que la maréchale est belle et que vous l'aimez ?

LE CHEVALIER.

Je l'aime!.. elle! est-ce possible, marquis? Quoi ! un tel changement en si peu de temps !...

LE MARQUIS, vivement.

Après tout, chacun pour soi... et puisque la dame de vos pensées, la première en date, vous repoussait.

LE CHEVALIER.

Mais voilà ce qui vous trompe... elle ne me repoussait pas au contraire!

LE MARQUIS, stupéfait.

Comment!... au contraire!

LE CHEVALIER.

Elle m'aime.

LE MARQUIS, à part.

L'impudent!... (Haut.) allons donc !

LE CHEVALIER.

Elle m'aime, vous dis-je.

LE MARQUIS.

Vous l'aurez rêvé.

LE CHEVALIER.

Non, mille fois non... elle me l'a dit... elle
me le prouve...

LE MARQUIS, à part.

Ah! ça, il n'est donc pas question de la
marquise?

LE CHEVALIER.

Oui, oui, je suis aimé... il ne m'est plus
possible d'en douter.

LE MARQUIS, haut.

Ah! mon petit cousin, comme vous y allez!
Une inconnue dans le passé, la maréchale
dans le présent... (A part.) Et ma femme dans
l'avenir. (Haut.) Peste! quel commencement!

LE CHEVALIER.

Votre recette a opéré... Le rendez-vous
qu'on refusait hier, on me l'accorde aujour-
d'hui. Suis-je assez malheureux!

LE MARQUIS.

Vous l'avez donc revue?

LE CHEVALIER.

Non. Elle m'a écrit.

LE MARQUIS.

Voyons sa lettre.

LE CHEVALIER, embarrassé, à part.

Oh! maladroit! (Haut.) Je vous la montre-
rai... plus tard...

LE MARQUIS, à part.

Décidément, ce n'est pas ma femme. (Haut.)
Eh bien! chevalier, au lieu de vous désespérer, réjouissez-vous. Deux intrigues en même
temps! Quelle chance!

LE CHEVALIER, inquiet.

C'est justement ce qui m'épouvante!... Mon
rendez-vous a lieu tout à l'heure ici, dans
cette maison...

LE MARQUIS.

Alors il faut choisir.

LE CHEVALIER.

Choisir, c'est embarrassant. Elles sont toutes
deux belles, toutes deux aimantes, toutes
deux aimées...

LE MARQUIS.

Eh bien! gardez les toutes deux.

LE CHEVALIER.

Non, non! et plutôt que d'en venir là, j'ai-
merais mieux les perdre.

LE MARQUIS, se frappant le front.

Ah! quelle idée!... si le hasard en déci-
dait!... Ne nous fait-il pas riches ou pauvres,
heureux ou malheureux, au gré de ses capri-
ces? Adressez-vous à lui, chevalier, et qu'il
vous dise celle qu'il faut garder. Allons, allons, jouez-les. (La nuit vient peu à peu.)

LE CHEVALIER, étonné.

Les jouer!

LE MARQUIS.

Je ne puis pas vous proposer d'être de
moitié dans la partie.

LE CHEVALIER.

Quoi! sur un coup de dés risquer le bonheur de toute ma vie!

LE MARQUIS.

Là, là, ne nous faites pas de ces phrases
sentimentales à propos de bagatelles de cette
espèce. Moi qui connais l'enjeu, je brûle de
savoir ce que le hasard décidera. Tenez, chevalier, comme la main vous tremble, je joue-
rai pour vous. Quelle partie! la terre pour
tapis vert, la lune pour flambeaux, un louis
pour dés!

LE CHEVALIER, hésitant.

Marquis...

LE MARQUIS.

Allons, voilà qui est convenu : si c'est pile,
la maréchale; si c'est face... la femme divine.
Je gage que le cœur vous bat. (Il jette le
louis). Pile! Chevalier, vous avez gagné la
maréchale. Diable! à présent je suis fâché de
n'être pour rien dans la partie.

LE CHEVALIER, résolument.

Eh bien! puisque le hasard le veut, que
mon cœur tout entier soit à la maréchale!

LE MARQUIS.

A la bonne heure!

LE CHEVALIER, embarrassé.

Oui... mais l'autre qui va venir...

LE MARQUIS.

Il faut la recevoir bravement et lui dire que
vous aimez ailleurs.

LE CHEVALIER.

Pauvre femme! Elle sera désespérée!

LE MARQUIS.

Ce soir, mais demain, elle se laissera con-
soler...

LE CHEVALIER.

Par moi?

LE MARQUIS.

Non... par un autre. (A part.) Il ne doute
de rien.

LE CHEVALIER.

Ah! marquis! je n'aurai jamais le courage
d'affronter sa présence.

LE MARQUIS.

Rassurez-vous, chevalier, je la recevrai,
Je me charge de tout; j'ai l'habitude de ces
sortes de rencontres.

LE CHEVALIER, troublé, à part.

Il ne manquerait plus que ça. (Haut.) La
recevoir, vous? c'est impossible!

LE MARQUIS.

Bah! laissez donc! L'aventure n'en sera
que plus piquante...

LE CHEVALIER, très ému.

Merci, merci, marquis; votre offre me touche, mais je ne puis l'accepter.

LE MARQUIS.

Cependant..

LE CHEVALIER.

Tenez, je sens le courage qui me revient...
Elle ne peut tarder... Je rentre chez moi.
Adieu, adieu, marquis, à demain !

LE MARQUIS.

A votre aise, chevalier.

(Le chevalier rentre dans la maison.)

SCÈNE III.

LE MARQUIS, seul.

Je voudrais voir l'air embarrassé de d'Aubigny durant la scène des imprécations. Il ne s'en tirera jamais. Avec mon expérience, les choses se seraient arrangées le mieux du monde. Allons, n'y pensons plus. (A la cantonnade, aux porteurs.) Eh ! vous autres... (Continuant.) Quel entêté que ce d'Aubigny ! Tenir à passer pour un niais aux yeux d'une femme charmante, car elle doit être charmante ! Il va se couvrir de ridicule ! Quelle honte pour moi, son cousin, son maître !... Mais j'y pense... si j'attendais la belle inconnue... Si je lui disais... oui, c'est cela... de la sorte, j'évite au chevalier le désagrément de passer pour un sot, et j'ai la satisfaction de passer pour un homme d'esprit. (Apercevant une chaise.) On vient de ce côté. Vite, à mon poste !

(Il sort.)

SCÈNE IV.

LA MARQUISE, en portantine; LE MARQUIS, en portantine.

LA MARQUISE, sortant de sa chaise, à part.

Ah ! mon cher cousin du Poitou, maintenant que vous êtes amoureux de la maréchale de Villeneuve, voyons un peu comment vous recevrez la marquise de Riancourt. Je ne suis pas fâchée de vous confondre. Que vois-je ?... vite...

(Elle rentre dans la portantine; les porteurs font un pas ou deux.)

LE MARQUIS, entrant en portantine, aux porteurs de la marquise.

Psit ! psit ! hé ! hé ! porteurs, arrêtez !

* La Marquise, le Marquis.

LA MARQUISE.

Quel est l'impertinent qui se permet de commander à mes gens ?

(La portantine fait encore quelques pas.)

LE MARQUIS.

Encore un coup, arrêtez, vous dis-je. Je veux parler à la personne qui est dans cette chaise.

LA MARQUISE, à part.

Cette voix...

LE MARQUIS.

Pardonnez-moi, madame, d'interrompre votre promenade, mais je vous prie de m'accorder quelques instants d'entretien.

LA MARQUISE, à part.

Mon mari !... Où me suis-je fourrée !

LE MARQUIS.

Vous paraissez troublée. Remettez-vous, madame, je suis un galant homme !

LA MARQUISE.

Monsieur !...

LE MARQUIS.

L'explication que je vous demande aura lieu ici, au clair de la lune, sous les fenêtres du chevalier. Nous causerons de chaise à chaise, si vous n'y voyez pas d'inconvénient.

LA MARQUISE.

Mais, monsieur...

LE MARQUIS.

Je m'engage à ne pas sortir de ma chaise. Veuillez seulement donner des ordres à vos gens afin qu'ils s'éloignent. Ce que j'ai à vous dire est de nature à n'être entendu que de vous et de moi.

LA MARQUISE, à part.

Je suis plus morte que vive.

(Elle parle à ses porteurs, qui s'éloignent.)

LE MARQUIS, à ses porteurs.

Maintenant, vous autres, approchez... plus près... encore... là, là... c'est bien, laissez-nous. (Les porteurs du marquis s'éloignent.)

LA MARQUISE, à part.

Que va-t-il faire ?

LE MARQUIS.

Vous alliez chez le chevalier, madame ?

LA MARQUISE.

Chez le chevalier !...

LE MARQUIS.

Oh ! toute dissimulation est inutile, je vous ai reconnue...

LA MARQUISE, à part.

Je suis perdue !...

LE MARQUIS, avec mystère.

Le chevalier ne m'a rien caché. Je sais tout... vous entendez.. je sais tout... mais je n'abuserai pas de cette confidence... d'honneur; j'en suis incapable.

LA MARQUISE, à part.

Qu'est-ce que cela veut dire?

LE MARQUIS.

Ah! madame, d'Aubigny est un grand criminel. Sa faute est indigne de pardon, et cependant elle vient de son amour, pauvre chevalier!

LA MARQUISE, à part.

Est-ce que le marquis de Riancourt me prendrait pour une autre? ce serait piquant.

LE MARQUIS.

Je vais vous porter un coup terrible!.. Vous m'en voyez attendri jusqu'aux larmes !

LA MARQUISE, à part, riant.

Plus de doute! ah! ah! quel divertissement vous m'allez donner, monsieur le marquis.

LE MARQUIS.

Apprenez, madame, que le chevalier s'est laissé séduire par les perfides attraits d'une femme moins belle que vous, mais à laquelle son inexpérience de jeune homme n'a pu résister; en un mot il a tout oublié, le malheureux! ses serments, son amour, et à l'heure où je parle, l'infidèle d'Aubigny pleure sa honte et ses forfaits... Croyez-moi, madame, contentez-vous de le maudire de loin et de l'oublier. (A part.) Hein, comme je m'en suis tiré! quel service je rends à d'Aubigny!

LA MARQUISE, étouffant son rire.

Ah! la bonne scène!

LE MARQUIS.

Pas de réponse .. mon Dieu, serait-elle évanouie? Je vole à son secours.

(Il va pour sortir de sa chaise.)

LA MARQUISE, à part, avec effroi.

Il vient à moi, je crois. Vite à mon rôle. (Haut.) Ah! le perfide! le traître!

LE MARQUIS, à part. Il rentre dans sa chaise.

Elle se trouve mieux, à ce qu'il paraît.

LA MARQUISE.

Vit-on jamais une âme plus noire? ah! ah! misérable d'Aubigny!

LE MARQUIS.

Du calme!

LA MARQUISE.

Du calme! après un pareil outrage!....

LE MARQUIS, vivement.

Ah! madame, le chevalier ne mérite pas les larmes que vous répandez, mais si votre cœur, justement offensé, avait besoin des consolations d'un ami sensible et discret, daignez

vous souvenir que mon dévouement vous appartient tout entier.

LA MARQUISE, à part.

Ah! le traître!

LE MARQUIS.

Une femme telle que vous n'est pas faite pour languir dans l'oubli. Avec votre esprit, votre grâce, votre beauté ..

LA MARQUISE.

Comment savez-vous, monsieur, si je suis belle?... Vous ne m'avez jamais vue.

LE MARQUIS.

Eh bien! c'est ce qui vous trompe.

LA MARQUISE.

Comment?

LE MARQUIS.

Je vous connais.

LA MARQUISE, à part.

C'est plus vrai qu'il ne croit.

LE MARQUIS, avec feu.

Ah! madame, puisque je vous retrouve enfin, apprenez que, depuis un an, je vous aime comme un insensé.

LA MARQUISE.

Vous m'aimez?...

LE MARQUIS, vivement.

Oui, depuis un an, j'ai cherché vainement l'occasion de vous le dire.... cet amour si longtemps renfermé dans mon cœur comme un trésor, cet amour, ma seule espérance, mon seul but, je le mets à vos pieds aujourd'hui. Disposez de ma vie, madame, elle est à vous.

LA MARQUISE, à part.

Ah! si je le tenais.! (Haut.) Vos sentiments me touchent beaucoup; mais permettez-moi de vous demander où vous m'avez vue?

LE MARQUIS, très-vivement.

Où je vous ai vue? mais à la promenade, au spectacle, à l'église, à votre fenêtre... partout enfin! depuis un an je suis sans cesse sur vos pas.

LA MARQUISE, à part.

Ah! le fourbe! (Haut.) Etes-vous bien sûr de ce que vous me dites là?

LE MARQUIS.

Si j'en suis sûr? mais je vous reconnaîtrais entre mille, quelle autre femme aurait cette voix douce et tendre, dont l'accent pénètre jusqu'au cœur. Non! le chevalier n'était pas digne de son bonheur! un provincial sans importance, un écolier... fi donc! Dites un mot, madame, et pour vous prouver mon amour...   (Il sort de sa chaise.)

LA MARQUISE.

Ce sont là de bien belles paroles, monsieur, mais qui me dit qu'elles sont sincères ?

LE MARQUIS, à part.

Comme elle s'humanise ! (Haut.) Moi, madame, qui n'ai jamais menti...

(Il passe de l'autre côté de la chaise de la marquise.)

LA MARQUISE, se cachant le visage avec son éventail, à part.

L'impudent ! (Haut.) Quoi ! jamais !... je demanderai cela à mesdames de Chabrillac, de Noisy et de Villeneuve.

LE MARQUIS.

Quels noms prononcez-vous, madame ?

LA MARQUISE.

Des noms charmants, écrits dans votre cœur, et peut-être effacés par le temps. N'importe ! je demanderai à ces dames ce qu'elles pensent de la sincérité du marquis de Riancourt..

LE MARQUIS, à part.

Elle sait mon nom.

LA MARQUISE.

Je consulterai la belle Sylvia.

LE MARQUIS.

Ah ! ces demoiselles n'ont d'opinion bien arrêtée que sur les louis qu'elles reçoivent.

LA MARQUISE, avec intention.

Eh bien ! la marquise de Riancourt, alors !

LE MARQUIS.

Ma femme !... oh ! celle-là ne compte pas... nous nous connaissons si peu !

LA MARQUISE, à part.

L'impertinent ! (Haut.) On la dit jolie ?

LE MARQUIS.

Sylvia !

LA MARQUISE.

Non. La marquise.

LE MARQUIS.

C'est une réputation usurpée. Ce n'est pas comme vous, qui êtes belle de toutes les beautés.   (Il repasse à droite.)

LA MARQUISE, à part. **

Comme je le souffletterais avec plaisir ! (Haut.) Pardon, marquis !... Il y a plus d'un quart d'heure que je vous écoute, il est tard. Appelez mes gens, je vous prie.

LE MARQUIS, avec instance.

Un instant encore !

LA MARQUISE, sortant de sa chaise, de même.

Impossible, on m'attend.

(Elle fait signe à ses porteurs.)

* Le Marquis, la Marquise.
** La Marquise, le Marquis.

LE MARQUIS, à la marquise.

Vous penserez à moi ?

LA MARQUISE, avec intention.

Oh ! oui, beaucoup ! je n'oublierai rien de ce qui s'est passé.

LE MARQUIS.

Que vous êtes bonne ! Dois-je conserver quelque espoir ?

LA MARQUISE, coquettement.

Je tiens à ne désespérer personne.

LE MARQUIS.

Merci, merci. Vous reverrai-je ?

LA MARQUISE, avec intention.

Plus souvent que vous ne voudrez.

LE MARQUIS, enchanté.

Bientôt ?

LA MARQUISE.

Mais, ce soir, si vous le voulez absolument.

LE MARQUIS.

Où ?

LA MARQUISE.

Mais... chez vous.

LE MARQUIS.

Chez moi !... ah ! oui ! nous irons cacher notre bonheur loin du bruit et de l'envie !... j'ai, à Meudon, une petite maison perdue sous des buissons d'aubépine... un nid pour deux amours !... personne ne la connaît... Ah ! madame, comment vous exprimer ma reconnaissance Laissez-moi tomber à vos genoux.

LA MARQUISE vivement.

Ce n'est pas la peine. Gardez cela pour notre prochaine entrevue, si le cœur vous en dit encore.

(Elle rentre dans sa chaise, et rit.)

LE MARQUIS.

Souperons-nous ensemble ?

LA MARQUISE.

Nous souperons... tant qu'ils vous plaira. Adieu. (Aux porteurs.) Partez, vous autres.

<hr>

SCÈNE V.

LES MÊMES, LE CHEVALIER.

LE CHEVALIER, paraissant sur le balcon.

Deux chaises, au milieu du chemin !... Que veut dire ceci ? C'est la marquise !... De Riancourt l'aura attendue.

LE MARQUIS.

Votre main.

LA MARQUISE.

A quoi bon ? (La lui donnant.) Tenez, êtes-vous content ?

LE CHEVALIER, à part.

Que vois-je ? Il lui baise la main ! ah ! pour le coup, je n'y comprends plus rien.

LE MARQUIS.

Adieu ! adieu ! femme adorable, adieu !

(La chaise de la marquise s'éloigne.)

SCÈNE VI.

LE MARQUIS, LE CHEVALIER.

LE MARQUIS, se tournant vers le balcon.

Chevalier ! chevalier ! (Il l'aperçoit.) Tiens ! vous êtes là... eh bien ! je l'ai vue.

LE CHEVALIER.

Ah ! vraiment !

LE MARQUIS.

M'avez-vous entendu ?

LE CHEVALIER.

Non.

LE MARQUIS.

C'est dommage. Ah ! j'ai eu une verve, un entrain... une éloquence... Je l'ai émue, attendrie, consolée... Quelle leçon vous avez perdue ! Tout va bien... on vous pardonne, on vous oublie, et l'on m'aime.

LE CHEVALIER.

Quoi ?

LE MARQUIS.

J'en suis fou... A propos, comment s'appelle-t-elle ?

LE CHEVALIER.

Mais...

LE MARQUIS.

Bien ! bien ! je comprends... Vous ne savez pas ? Je soupe avec elle.

(Il rentre dans sa chaise ; les porteurs se sont approchés.)

LE CHEVALIER.

Bah !

LE MARQUIS.

Et chez moi !... à ma petite maison. Ah ! chevalier, quelle femme je vous dois ! Comptez sur ma reconnaissance. (Aux porteurs.) A ma petite maison !... Adieu, d'Aubigny, adieu ! Bien des choses à la maréchale ! Soyez tranquille, au moins, vous ne vieillirez pas à son service.

LE CHEVALIER.

Ma foi ! tout est au mieux !... à Riancourt sa femme !... et à moi la maréchale !

FIN DE L'AMOUR A LA MARÉCHALE.

Paris. — Imprimerie de DUBUISSON, rue Coq-Héron, 5.